समर्पण

वीरों को काव्यपूर्ण नमन - VEERON KO KAVYPURN NAMAN

शिवानी रजक

ISBN 979-888591751-3

यह कविता पुस्तक भारतीय सेना तथा राष्ट्र की सामाजिक
नैतिकता को समर्पित है।

क्रम-सूची

क्रम-सूची

भूमिका

मैं शिवपुरी मध्य प्रदेश, भारत की एक शहरी जिले की लड़की हूं।

मुझे अपने इस महान भारत देश तथा भारतीय सेना से अति प्रेम है, गर्व है की मैं एक भारतीय हूं।

इसी देशप्रेम ने मुझमें देशभक्ति को जगाया तो बस उठायी कलम और शब्दों में परिवर्ती कर दी मैंने अपनी देशभक्ति।

मुझे इस सेवा भावना को एक योग्य रूप देना था एवं सामाजिक नैतिकता के विषय में भी कुछ लिखना चाहती थी जिसे मैंने अपनी इस पहली किताब में कविता के रूप में प्रस्तुत करने का एक छोटा सा प्रयास किया है।

पावती (स्वीकृति)

Bookipedia.in द्वारा डिज़ाइन और संपादित किया गया है

नमन

जयती जयती मां वसुधा,

देश प्रेमी को भी नमन ।

मातृभूमि के रक्षक ,

सिपाही को भी नमन ।।

जागते हैं रात को जो ,

स्वप्न हमें दान कर ।

दूर रहते हैं घरों से ,

उनका महत्व जानकर ।।

साधु भांति त्याग करें ,

ऐसे तपस्वी को भी नमन ।

मातृभूमि के रक्षक ,

सिपाही को भी नमन ।।

मुश्किलों के दौर में ,

आज है उनके घर ।

जो बिना कुछ सोचे जाने ,

देश रक्षा में गए मर ।।

स्वर्ग के हैं जो निवासी ,

उन आत्मीय को नमन ।

मातृभूमि के रक्षक ,

सिपाही भी नमन ।।

जयती जयती मां वसुधा ,

देश प्रेमी को भी नमन ।

मातृभूमि के रक्षक ,

सिपाही को भी नमन ।।

-धन्यवाद

हिंदुस्तान

चलो आज एक नए ,

अरमान वाकिफ होते हैं ।

चलो आज एक नए ,

फरमान से वाकिफ होते हैं ।।

कि गलियों से निकलकर ..

जो मंच तक पहुंच गया ,

चलो आज उस नए ,

हिंदुस्तान से वाकिफ होते हैं ।।

गली-मोहल्ले सकरे से ,

अब नजर कहां आते हैं ।

जितने ऊपर तुम जाओगे ,

उतने मार्ले मिल जाते हैं ।।

गांव-गांव में शहर रम गया ,

अब सब ए.सी में सोते हैं ।

चलो आज एक नए ,

हिंदुस्तान से वाकिफ होते हैं ।।

बदल गई अब मान-मर्यादा ,

संस्कृति बस किताबों में है ।

वो मीठी जलेबी की खुशबू ,

कुछ धुंधले ख्वाबों में है ।।

दूध पीते बच्चे भी ,

अब पिज़्ज़ा के लिए रोते हैं ।

चलो आज एक नए ,

हिंदुस्तान से वाकिफ होते हैं ।।

इन सब में भी एक अपनापन है ।

हर मन भारत को अर्पण है ।।

चलो फिर जन-जन के मन में ,

बीज प्रेम का बोते हैं ।

चलो आज एक नए ,

हिंदुस्तान से वाकिफ होते हैं ।।

-धन्यवाद

जननी

करके तेरा स्मरण ए जननी ,

ये आखिरी काम मै करता हूं।

बिना कोक मुझे जनने वाली,

उस वसुधा को प्रणाम मै करता हूं।।

आजादी के लिए लडने वाले ,

उस आजाद का ध्यान जब धरता हूं ।

तब शत्रु से निर्भय होकर ,

मै सरहद पर पैहरा धरता हूं ।।

लगाऊं मौत की बाज़ी मै भी ,

ये प्रण मन मे ही करता हूं ।

डरता नहीं मौत से मगर ,

फिर परतंत्रता से मै डरता हूं ।।

करके तेरा स्मरण ए जननी ,

ये आखिरी काम मै करता हूं ।

बिना कोक मुझे जनने वाली ,

उस वसुधा को प्रणाम मै करता हूं ।।

होकर यू कर्तव्यनिष्ठ मै ,

जब पथ पर आगे बढता हूं ।

बिना सहमे और बिना डरे मै ,

शत्रु दल से जब लडता हूं ।।

तब आंखो मे लेकर तेरी छाया ,

तेरा ही स्मरण मै करता हूं ।

अब आकर तेरी गौद मे ,

ए भारत मां मै मरता हूं ।।

करके तेरा स्मरण ए जननी ,

ये आखिरी काम मै करता हूं ।

बिना कोक मुझे जनने वाली ,

उस वसुधा को प्रणाम मै करता हूं ।।

- धन्यवाद

देश को प्रणाम

कैलाश पर बैठे अपने आराध्य,

महेश को प्रणाम करती हूं ।

जो मां के संस्कारों से सजा है,

उस वेश को प्रणाम करती हूं ।।

पर ....इन सबसे पहले -२

जिस देश में मैंने जन्म लिया,

उस देश को प्रणाम करती हूं ।

यहां की नदियों की ,

शीतलता से प्रीत है ।

वसुदेव कुटुंबकम ,

इस देश की रीत है ।।

यहां की हर लड़की ,

देवी शक्ति का रूप है।

यहां का हर लड़का ,

श्री राम का स्वरुप है ।।

यहां वेदों - सी ,

पौराणिक धरोहर भी है ।

यहां विभिन्न भाषाओं से ,

सुशोभित स्वर भी है ।।

यहां की है पावन परंपरा का ,

मैं हृदय से सम्मान करती हूं ।

जिस देश में मैंने जन्म लिया ,

उस देश को प्रणाम करती हूं ।।

यहां की पावन माटी में ,

एकता की सुगंध है ।

प्रत्येक व्यक्ति के मन में ,

भाईचारे का हृदयबंध है ।।

यहां सब को अपना पक्ष ,

रखने की स्वतंत्रता है ।

यहां के संविधान में ,

विश्व की सबसे बड़ी लोकतंत्रता है।।

यहां के मुनियों ने ,

पौराणिक ज्ञान का

विस्तार किया है ।

हर कदम पर हमने ,

एक नया अविष्कार किया है ।।

परंपरा आधुनिकता की ,

इस रीत पर अभिमान करती हूं।

जिस देश में मैंने जन्म लिया ,

उस देश को प्रणाम करती हूं।।

-धन्यवाद

कण-कण में भारत बसता है!

परियों से सुंदर मोर यहां ।

कलियां भी बड़ी चितचोर यहां ।।

हर सांझ से सुंदर भोर यहां ।

बादल की घटा घनघोर यहां ।।

ढोल मंजीरों की रुनझुन-रुनझुन ,

किसी मंदिर से जब आती है ।

मन विमुक्त हो जाता मेरा ,

मृगतृष्णा-सी मिट जाती है ।।

संस्कृति में हमारी एकता है ,

पर सैकड़ों से अधिक परिधान यहां ।

ज्ञान की गंगा बहती गांव-गांव में ,

आर्यभट्ट-से मिलते विद्वान यहां ।।

शिक्षा , नीति , कर्म , धर्म ,

सबके अपने-अपने है पुराण यहां ।

वीरों की विजय गाथाओं के ,

पग-पग पर मिलते हैं प्रमाण यहां ।।

कहने को है ये रीत पुरानी ,

पर साड़ी भी बड़ी मतवारी है ।

सजतीं होंगी गहनों से अप्सरा ,

यहां लज्जा से सजी हर नारी है ।।

अलग है धर्म , अलग है रंग ,

अलग है सबकी बोली-बानी ।

पर अलग भाव के इन लोगों को ,

आती नहीं बिल्कुल बेईमानी ।।

हिंदू , मुस्लिम , सिख , ईसाई ,

सब का एक ही देवता है ।

भारत में जन्मे इन लोगों में ,

भारतीयता से एकता है ।।

तरह-तरह के व्यवसाय हैं चलते ,

पर भावों में ना व्यापार यहां ।

बड़ी है इमारतें ऊंची-ऊंची ,

पर दिलों में ना दीवार यहां ।।

अपनेपन के कोमल-कोपलो से ,

होता सबका सत्कार यहां ।

स्वप्न मेरे बापू का अब भी ,

होता है साकार यहां ।।

हम सबका ये अपनापन ,

हीरे-मोती से भी सस्ता है ।

महज़ बड़ी इमारतों में नहीं ,

कण-कण में भारत बसता है ।।

-धन्यवाद

ये भारत देश है मेरा

गली-गली में सोच है होती ,

शौचालय में बसता अंधेरा ।

ये भारत देश है मेरा ।।

जहां कोरोना के काल में भी ,

सड़कों पर भीड़ का डेरा ।

ये भारत देश है मेरा ।।

जहां मोदी की रक्षा के लिए ,

मामा जी ने मन का फेरा ।

ये भारत देश है मेरा ।।

जहां जगह-जगह पर मास्क हैं दिखते ,

कचरे का जमा है ठेरा ।

ये भारत देश है मेरा ।।

जहां अमीर खा-खा कर मोटे हो गए ,

और गरीब बन गया ठेरा ।

ये भारत देश है मेरा ।।

कहीं खाने को खाना ही नहीं ,

कहीं केक को मुंह पर थतेरा ।

ये भारत देश है मेरा ।।

जहां जीवजाति निवास थी करती ,

उस जंगल में मॉल का बसेरा ।

ये भारत देश है मेरा ।।

हे सभ्य नागरिक जाग भी जाओ ।

धरती की कीमत जान भी जाओ ।।

आकर बस चले जाना ही तो है ,

फिर क्या तेरा क्या मेरा ।

ये भारत देश है मेरा ।।

यह भारत देश है मेरा ।।

जहां मंत्री को चिंता ही नहीं ,

जनता को चुनाव में घेरा ।

ये भारत देश है मेरा ।।

जहां बच्चों ने लॉकडाउन की आस में ,

शिक्षा से मुंह है फेरा ।

ये भारत देश है मेरा ।।

-धन्यवाद

फ़ौज के जवान

भुला नहीं सकेंगे हम ,

फ़ौज के उन जवानों को ।

मातृभूमि पर जो मर मिटे ,

देश के उन दीवानों को ।।

जब हमने जलाएं मिलकर दीप ,

वो सीमा पर तैनात रहे ।

जब-जब हम खेले रंगों से ,

खून से रंगे उनके हाथ रहे ।।

खेल गए जो जान पर अपनी ,

उनके जख्मों - बलिदानों को ।

भुला नहीं सकेंगे हम ,

फ़ौज के उन जवानों को ।।

जब-जब बात आई देश पर ,

वो चट्टान बनकर अड़ गए ।

क्या बम और क्या बारूद ,

बिना हथियार भी वो लड़ गए ।।

देनी है सजा अब मिलकर ,

रण के हिंसक हैवानों को ।

भुला नहीं सकेंगे हम ,

फ़ौज के उन जवानों को ।।

भुला नहीं सकेंगे हम ,

फ़ौज के उन जवानों को ।।

मातृभूमि पर जो मर मिटे ,

देश के उन दीवानों को ।।

-धन्यवाद

तात्या

छोड़कर सब स्वर्ग से सुख ,

जंगल में उसका डेरा था ।

सूर्य था क्रांति का मन में ,

हर कर्म में सवेरा था ।।

देशभक्ति दिल में उसके ,

वह कर्तव्यनिष्ठ वीर था ।

नयनों में थे अंगार उसके ,

शब्दों में अचूक तीर था ।।

देख फिरंगियों की निष्ठुरता ,

खून उसका खौल उठा ।

देखी ना शत्रु की सेना ,

जय घोष अकेले बोल उठा ।।

हर बार वार पर वो जीता ,

खाली ना उसके वार गए ।

देख उसकी कूटनीति ,

अंग्रेजी आशा हार गए ।।

हार कर आशा चपलो ने ,

वार पीठ पर किया ।

मित्र से धोखा खा गए ,

सर कटाने धर दिया ।।

धन्य है ये पावन धरा ,

जहां वीरगति वीर ने पाई थी ।

मर के भी जन-जन के मन में ,

क्रांति की ज्योत जगाई थी ।।

उस वीर क्रांतिकारी तात्या का ,

इतिहास में अमर नाम है ।

देश के उस वीर सपूत को ,

मेरा शत-शत प्रणाम है ।।

मेरा शत-शत प्रणाम है।।

-धन्यवाद

सपूत

वो है एक वीर सपूत देश का ,

मैं उस सपूत की दासी हूं ।

नगर है उसका परिपूर्ण प्रेम से ,

मैं प्रेम नगर की वासी हूं ।।

उसके पग-पग पर मैं साथी उसकी ,

उसके दुखों की धात्री हूं ।

वो मेरे लिए सूरज की तपन है ,

मैं उसकी शीतल रात्रि हूं ।।

वो कारण है मेरे जीवन का ,

मैं उसके मन की अभिलाषा हूं ।

उसके मुख जो स्वर निकलें ,

मैं उन स्वरों की भाषा हूं ।।

वो पग रखे बस देश के हित में ,

उसकी पग रज , सर पर धारुं मैं ।

वो चंदा है मेरे जीवन का ,

हर पल उसकी नजर उतारुं मैं ।।

-धन्यवाद

संघर्ष

जो देश के हित में ना जले ,

वह दीप कहो किस काम का ।

संघर्ष करो ए वीर पुरुष ,

यह समय नहीं आराम का ।।

क्या जलती नहीं तुम्हारी आंखें ,

ये जलती चिताए देखकर ।

क्या उठता नहीं मन में क्रोध ,

ये दिन दशाएं देखकर ।।

क्या बहता नहीं तेरी रगों में ,

वो कर्ज़ मां के नाम का ।

संघर्ष करो ए वीर पुरुष ,

यह समय नहीं आराम का ।।

उठा कर शस्त्र जो तुम ,

वीर पथ पर बढ़ोगे ।

करोगे देश सेवा ,

सदा संयम धरोगे ।।

कर्म करो अंतिम सांस तक ,

ना धरो ध्यान परिणाम का ।

संघर्ष करो ए वीर पुरुष ,

यह समय नहीं आराम का ।।

-धन्यवाद

दिलेर

जिंदगी के छोटे-छोटे पल,

एक बड़ा सबक बन जाते हैं ।

असल में बड़े तो वो हैं ,

जो अपनी राहें स्वयं बनाते हैं ।।

अंधेरे जंगल में शेर ,

अकेले रहने से नहीं डरता ।

तभी तो कोई गीदड़ ,

अकेले शेर के रास्ते में नहीं पड़ता ।।

बिना हथियार के इंसान तक ,

जंगल में नहीं जाते हैं ।

असल में बड़े तो वो हैं ,

जो अपनी राहें स्वयं बनाते हैं ।।

भारत में हुए चंद्रशेखर ,

और भरत जैसे शेर ।

जिन्होंने कर दिए ,

सारे अंग्रेजी गीदड़ ढेर ।।

इसलिए आज भारत के लोग ,

अपना सिर गर्व से उठा पाते हैं ।

असल में बड़े तो वो हैं ,

जो अपनी राहें स्वयं बनाते हैं ।।

- धन्यवाद

" किसकी हिम्मत है जो छेड़े दिलेर को ।

गर्दिश में घेर लेते हैं गीदड़ भी शेर को ।। "

- अक्षय कुमार

ज़ोर

गर ज़ोर तुझमें हो ,

तो आजमा कर देख ले ।

गर ज़ोर तुझमें हो ,

तो सो दफा सता कर देख ले ।।

चलते हुए ये तेरे कदम ,

जो अफवाहों से बहके हैं ।

कि कल तक थे जो बस शोले ,

आज अंगार बन वो दहके हैं ।।

गर ज़ोर तुझमें हो ,

तो अब दिल जला कर ले ।

गर ज़ोर तुझमें हो ,

तो आजमा कर देख ले ।।

जो मिटते हैं बस दौलत पर ,

हम वो मन के कायर नहीं ।

जहां से दुश्मन वार करें ,

देश रक्षा में हम दायर वहीं ।।

गर ज़ोर तुझमें हो ,

तो अब नजर उठा कर देख ले ।

कि इस देश पर मैं वार दूं ,

एक पल में अपनी जिंदगी ....

गर ज़ोर तुझमें हो ,

तो सर कटा कर देख ले ।

गर ज़ोर तुझमें हो ,

तो आजमा कर देख ले ।।

-धन्यवाद

कफन मेरा तिरंगा हो

जब मृत्यु शैया पर जाऊं मैं ,

इच्छा है मुंह में गंगा हो ।

जलती रहे चिता बेशक शमशान में ,

पर कफन मेरा तिरंगा हो ।।

जिंदा रहकर ना जो देख सका ,

मर कर वह भारत चाहता हूं ।

मेरी मौत से भी देश नाम हो ,

बस इतनी शोहरत चाहता हूं ।।

बच्चा-बच्चा इस भारत का ,

यूं देश प्रेम में रंगा हो।।

जलती रहे चिता बेशक शमशान में ,

पर कफन मेरा तिरंगा हो ।।

संयम हों सबके दिलों में ,

भाईचारे की भाव रहें ।

वीर मेरे संकट में ना हो ,

छाती पर उनकी न घाव रहें ।।

घर-घर में बसे फिर से शांति ,

सड़कों पर ना फिर दंगा हो ।

जलती रहे चिता बेशक श्मशान में,

पर कफन मेरा तिरंगा हो ।।

-धन्यवाद

फौजी बन कर आऊंगा

एक ओर रोके हैं मैया ,

यही बन गई व्यथा मेरी ।

अब तो उसके प्रेम में मरना ,

मरना यही बनेगी कथा मेरी ।।

एक ओर है मैया का चिंतन ,

एक ओर है चिता मेरी ।

छोड़ चला मैं मोह के बंधन ,

एक यही है खता मेरी ।।

मैं हूं प्रेमी मातृभूमि का ,

बलिदान करूं मैं जान मेरी ।

कण-कण को रक्त है अर्पण ,

मर कर होगी पहचान मेरी ।।

एक ओर है माता की ममता ,

एक ओर है प्रेम मेरा ।

एक ओर है माता का रुद्रण ,

एक ओर है धैय मेरा ।।

मैं हूं एक मतवाला प्रेमी ,

मैया इस बात से रोती है ।

नहीं समझती मेरे भावों को ,

आश्रु से नैना धोती है ।।

किसे चुनूं में समझ ना आए ,

मैया भी मुझे अति प्यारी है ।

दिया है मुझे जन्म उसने ,

पर मैं नहीं जान देश पर बारी है।।

मैं मर जाऊं शोक करना ।

मुझ पर थोड़ा भी क्रोध ना करना ।।

याद रहे जब देश सेवा में ,

मैं अपनी जान गवाऊंगा ।

हर दिल में मैं फिर जन्मूंगा ,

फिर फौजी बनकर आऊंगा।।

-धन्यवाद

अफसोस न करना

आज फिर होगा मेरा ,

मौत से लड़ना ।

मैं ना लौटा !

तो अफसोस ना करना ।।

जब आएगी ये खबर तुम तक,

विश्वास है मुझे तुम रोओगी ।

दिन में नींद ना आएगी तुम्हें,

ना रातों को तुम सोओगी ।।

कहता हूं आज आरजू ,

जो है दिल में भरी ।

गर मिले खबर कभी ,

मौत की मेरी ।।

तो तुम आंसू पॉंछकर ,

धीरज धरना ।

मैं ना लौटा तो !

अफसोस ना करना।।

हां छोड़ चला मैं तुम्हें अकेला ,

इस भीषण संसार में।

मानो आखिरी इच्छा मेरी,

अगर सच्चाई मेरे प्यार में ।।

अगर मिले मौका ,

इस कठिन जीवन में ।

कोई बढ़ाए हाथ

इस काटो के वन में ।।

तो उसका हाथ थामकर ,

आगे बढ़ना ।

मैं ना लौटा तो !

अफसोस ना करना।।

-धन्यवाद

ज़िन्दा है क्या ?

भाव जिसमे भावना थी ,

भाव वो ज़िन्दा है क्या ?

मदमस्त झूमती धरा की ,

शान वो ज़िन्दा है क्या ?

जानकर अंजान न बन ,

अब तो कुछ कर गुज़र ।

कब तक थमा रहेगा तू ,

और ये तेरा सफर ।।

देश से जो मिली तुझे ,

पहचान वो ज़िन्दा है क्या ?

मदमस्त झूमती धरा की ,

शान वो ज़िन्दा है क्या ?

रोकती है हर वक्त जो,

जंज़ीर उनको तोड़ दो ।

जोश के अंगार मे ,

आज उनको झोंक दो ।

देखो फिर चारो तरफ ,

कहीं बेईमान वो जिन्दा है क्या ?

मदमस्त झूमती धरा की ,

शान वो जिन्दा है क्या ?

जल चुके हैं वीर जिसमे ,

उस आग को फिर याद कर ।

सवार इस वसुधा को फिर से ,

फिर से इसे आबाद कर ।।

आन जिस पर जान दी थी ,

आन वो जिन्दा है क्या ?

मदमस्त झूमती धरा की ,

शान वो जिन्दा है क्या ?

जान देने की जरुरत ,

ए-वीर तुमको आज है ।

देश के गौरव हो तुम ,

हर मां को तुम पश्र नाज़ है ।।

देखती है जो मां भारती ,

अरमान वो जिन्दा है क्या ?

मदमस्त झूमती धरा की ,

शान वो जिन्दा है क्या ?

मदभरी मदमस्त ऋतुएं ,

हर रोज़ आए जाएंगी ।

जीत की खुशी मे हर पल ,

कोयल राग गाएंगी ।।

विजय से देश को मिला ,

स्वाभिमान वो जिन्दा है क्या ?

मदमस्त झूमती धरा की ,

शान वो जिन्दा है क्या ?

-धन्यवाद

न रुका हूं न रुकुंगा

अंधकार मेरी कमज़ोरी सही ,

उजाले से इसे भी दूर करुंगा ।

बस आगे मैं बढ़ूंगा ,

न रुका हूं न रुकूंगा ।।

बढ़ा हूं जो अबके राहों में ,

पीछे मुड़ना मुम्किन नहीं ।

मुझे इस बार रोक सके ,

ऐसी कोई उलझन कोई मुश्किल नहीं ।।

मुश्किलों को मंजिल की ,

पहली सीढ़ी समझ लूंगा ।

ना रुका हूं ना रुकूंगा ।।

- धन्यवाद

आगे चल

ना सोच अब इस दौड़ में ,

क्या? बिछड़ा , क्या? पाएगा कल ।

छोड़कर ये सारी दुविधा ,

आगे चल , चल , आगे चल ।।

कुछ को तू पीछे छोड़ेगा ,

कुछ तुझसे भी आगे होंगे ।

कुछ निद्रा में विलीन होंगे ,

कुछ रातों को जागे होंगे ।।

हार हो या जीत हो ,

तू मन को संयम बंधा के चल ।

भूल कर ये सारी दुविधा ,

आगे चल , चल , आगे चल ।।

एक मोड़ पर तुम हार कर ,

शायद कहीं गिर जाओगे ।

शोक में अगर डूबे रहोगे ,

भरकर कैसे आओगे ।।

तब झांकना अपने अंतर्मन में ,

याद करना कुछ गौरव के पल ।

भूल कर ये सारी दुविधा ,

आगे चल , चल , आगे चल ।।

जब आए ना नींद रातों को ,

नयन निद्रा विहीन हो ।

उफान पर हो उत्साह का सागर ,

मन भय-विकार हीन हो ।।

समझो बन गए तुम भाग्य लेखक ,

अब कौन लिखेगा तेरा कल ।

भूलकर ये सारी दुविधा ,

आगे चल , चल , आगे चल ।।

-धन्यवाद

पहचान

जिंदगी की कश्ती से , हार मान जा ।

या तूफान लड़कर , अपनी पहचान जान जा ।।

रोक नहीं सकती तुझे , ये हवा की शोखियां ।

रास्ते में है अभी तो , दुश्मनों की टोलियां ।।

वक्त से हारा नहीं तू , वक्त तुझसे हारेगा ।

साजिशों के जाल को , तू ही अभी संघारेगा ।।

जोश में होश ना हो , जोश वो किस काम का ।

हौसले की इस डगर में ,

कमजोर अब किस काम का ।।

हौसले को तलवार बना ....

दुश्मन से लड़ , जंग का इनाम जान जा ।

तूफान से लड़कर , अपनी पहचान जान जा ।।

कदम जो तेरे थम गए हैं , कुछ तो इसमें राज है ।

जिससे तुझे पहचान मिली,

उस जंग से क्यों ऐतराज़ है ।।

मुक़द्दर का गुलाम नहीं ,

इस जंग का सिकंदर है तू ।

जिसकी गहराई असीम है ,

वो हौसले का समंदर है तू ।।

मत डर इन लहरों से ,

ये तो हमराही हमदम हैं ।

ना ये तुझसे बढ़कर है ,

ना तो इनसे कम है ।।

सागर में डुबकी लगा .....

लहरों से लड़ , सागर का बहाव जान जा ।

तूफान से लड़कर , अपनी पहचान जान जा ।

जिंदगी की कश्ती से हार मान जा ।

या तूफान से लड़कर ,

अपनी पहचान जान जा ।।

- धन्यवाद

मत डर ए राही

मत डर ए राही !

इन पत्थरों से इन कांटो से ।

रातों के इन अंधेरों से ,

गलियों के इन सन्नाटो से ।।

बढ़ा है जो अब इस राह पर तू ,

कठिनाई तो होगी तुझको ।

जब मैं भी इस राह पर थी ,

तब बहुत-से ताने मिले थे मुझको ।।

पर....

मत डर ए राही !

तानों की इन सौगातों से ।

जो सामने कहने से डरते हैं ,

लोगों की उन बातों से ।।

मत डर ए राही !

इन पत्थरों से इन कांटो से ।

रातों के इन अंधेरों से ,

गलियों के इन सन्नाटो से ।।

कब तक ना हाथ आएगी मंजिल ,

कोशिशों से सौ बार गुजर ।

जीतने के लिए एक रोज ,

तू अपना सब कुछ हार गुजर ।।

मत डर ए राही !

इन छोटी-मोटी हारों से ।

पीठ पर जो किए जायेंगे ,

अपनों के उन प्रहारों से ।।

मत डर ए राही !

इन पत्थरों से इन कांटो से ।

रातों के इन अंधेरों से ,

गलियों के इन सन्नाटो से ।।

-धन्यवाद

मेहनत

मेहनत करने वाले ही ,

विकास करते हैं ।

सफल होते हैं ,

जो प्रयास करते हैं।।

इस दुनिया की मुश्किलें ,

तो बहुत होंगी राहों में ।

पर मत घबराना तुम ,

मंजिल लेनी है जो बाहों में ।

क्योंकि मंजिलों को पाने वाली ही,

मुश्किलों को पार करते हैं ।

सफल वह होते हैं ,

जो प्रयास करते हैं ।।

ये दुनिया ठोकर मारेगी तुम्हें ,

पर तुम फिर से उठना ।

अपने सपनों का जाला ,

तुम फिर से बुनना ।।

दुनिया की ठोकर खाने वाले हैं ,

चमत्कार करते हैं ।

सफल वह होते हैं ,

जो प्रयास करते हैं ।।

-धन्यवाद

.जिन्दगी की राह

जिन्दगी की राहों में ,

तुम्हें बहुत से लोग मिलेंगे ।

कभी खुशी से वक्त कटेगा ,

तो कभी गमों के योग मिलेंगे ।।

कभी मिलेंगी कांटो से खुशियां ,

तो कभी फूल से रोग मिलेंगे ।

अपने ही व्यक्तित्व के संग ,

करने को बहुत प्रयोग मिलेंगे ।।

पर इनमें पड़कर तुम ना रुकना ।

मन में अपने ये हौसला रखना ।

कि आज हाथ में हार सही ,

पर कभी जीत से संजोग मिलेंगे ।

जिंदगी की राहों में ,

तुम्हें बहुत से लोग मिलेंगे ।

शायद कभी कोई मन ललचाएगा,

या शायद कभी उपभोग मिलेंगे ।

कहीं किसी से नजर मिलेगी,

तो कहीं किसी से जोग मिलेंगे ।।

पर उन पर तुम विश्वास न करना ।

उनसे कुछ भी आस न करना ।।

कि तेरी ही होगी बदनामी ,

और आखिर में तुझी को दोष मिलेंगे ।

जिंदगी की राहों में ,

तुम्हें बहुत से लोग मिलेंगे ।

कभी खुशी से वक्त कटेगा ,

तो कभी गमों के योग मिलेंगे ।।

-धन्यवाद

नादानियां

नादानियां

भूला नही हूं मै तेरी ,

बचपन की वो कहानियां ।

माफ करना ए मॉ अपने,

इस बेटे की नादानियां ।।

सुनाती थी तू किस्से मुझे ,

उन वीर जवानो के ।

मर मिटे जो सरज़मी पर ,

उनके बलिदानो के ।।

कहती थी तू बलिदान उनका ,

पागलपन की थी निशानियां ।

माफ करना ए मॉ अपने,

इस बेटे की नादानियां ।।

कहनी थी इक बात मुझे ,

मै भी कुछ करना चाहता हूं ।

तान के सीना दुश्मन के आगे ,

मातृभूमि पर मरना चाहता हूं ।।

आज जान भी हथेली पे ,

इमान भी हथेली पे ।

चुकाना है कर्ज़ तेरा ,

देकर कुर्बानियां ।।

माफ करना ए मॉ अपने,

इस बेटे की नादानियां ।।

दे रहा हूं जान अपनी ,

आजादी के लोभ मे ।

सो रहा हूं आज मै ,

भारती की गोद मे ।।

छोड के जा रहा हूं तुझे ,

बिना कुछ बोलकर ।

देश की रक्षा को अपनी ,

जान से ही तोलकर ।।

माना निभाया धर्म अपना ,

पर तुझसे की है बेइमानियां।

माफ करना ए मॉं अपने,

इस बेटे की नादानियां ।।

-धन्यवाद

परिभाषा

रुक गए मेरे कदम ,

टूट गई मेरी आशा ।

कि मेरे लड़की होने की ही अब ,

क्यों बदल गई परिभाषा ।।

कल तक मुझे लगता था ,

हजारों लोग हैं मेरे रक्षक ।

पर बन गए हैं आज वो ,

मेरे अस्तित्व के भक्षक ।।

कि उनके भावों की विचारों की ,

हर व्यक्ति के संस्कारों की ,

क्यों अलग है आज भाषा ।

कि मेरे लड़की होने की है अब ,

क्यों बदल गई परिभाषा ।।

मेरी उस हालत में भी ,

सबके चेहरे कमाल थे ।

उन बंदिशों के घेरे में ,

मेरे मन में कई सवाल थे ।।

पर जब जाना उन विकारों को ,

उन ऊंचे उच्च विचारों को ,

जानने की अब कुछ और ,

ना रही मुझे जिज्ञासा ।

कि मेरी लड़की होने की है अब ,

क्यों बदल गई परिभाषा ।।

-धन्यवाद

नारी

धात्री है वो , जननी भी है ।

मीठी शीतल , तटनी भी है ।।

पत्नी के रूप में , शीतल छाया।

मां के मन में , बस प्यार समाया ।।

उस नारी ने , संसार है जाया ।

जिसे समझा हमेशा , सबने पराया ।।

किसी ने औरत पाप बताई ।

किसी ने अपनी हवस मिटाई ।

किसी ने पहनाया ताज उसे ,

तो किसी ने बस नौकरानी बनाई ।।

कहता है पुरुष -

मुझसे बढ़कर तेरा व्यक्तित्व नहीं ।

सच में क्या ?

बिना पुरुष के हमारा कोई अस्तित्व नहीं ।।

सृष्टि की रचना पर भी आज ,

ये कलंक हुआ भारी है ।

प्रश्न है आज इस समाज से ,

क्यों अपवित्र हुई हर नारी है ।।

इतिहास की कहानियों में ,

क्यों बिन नारी सृष्टि नश्वर है ।

उस जगदंबा शक्ति की पूजा ,

क्यों करते सब ईश्वर हैं ।।

क्या ? सच में ...नारी नर से ही है ,

नहीं , नर से नारी नहीं है भैया !

नारी से ही हर नर है ।।

बच जाएगा देश मेरा ,

उस चीन के कटु प्रहारों से ।

कैसे बचेगी पर यह धरती ,

इन सामाजिक कुसंगत विचारों से ।।

-धन्यवाद

औरत हूं कमजोर नहीं

जो डर जाए एक धमकी से ,

मैं वो बेपरवाह चोर नहीं ।

औरत हूं कमजोर नहीं ।

औरत हूं कमजोर नहीं ।।

समझ क्या रखा है मुझको ,

क्या मैं खेल हूं ।

जिसको समझ ना पाओगे ,

मैं वो नदियों का मेल हूं ।।

आसमां के आंचल में ,

मैं हौसले की उड़ान हूं ।

सागर की गहराई में ,

मैं नदियों का मिलान हूं ।।

समझो मेरे बंधन को

मैं कोई कच्ची डोर नहीं ।

औरत हूं कमजोर नहीं ।।

रोक-टोक ना करो अब ,

मुझको चैन से जीने दो ।

थोड़ा खुलकर हंसने दो ,

थोड़ा शहद फूल का पीने दो ।।

तितली हूं मैं तो बागों की ,

बरसात की प्यासी मोर नहीं ।

औरत हूं कमजोर नहीं ।।

औरत हूं कमजोर नहीं ।।

-धन्यवाद

सुबह

क्या सूरज का उगना ,

पंछी का चहकना ,

ये होती है सुबह ।

या चांद का जाना ,

सितारो का छुपना ,

ये होती है सुबह ।

नहीं ....

जब हम रात भर ख्वाबो मे खोकर उठते है ।

और देखते है कि वो तो बस सपना था ।

उसमे कुछ नहीं था जो मेरा अपना था ।।

ये होती है सुबह ....

जो हमे एहसास दिलाती है ....

कि हमे आराम नहीं !

संघर्षो से पूर्ण काम करने है ।

आज फिर कुंआ खोदना है !

और फिर जीत के जाम भरने है ।।

ये सिखाती है हमे ....

कि जिन्दगी महज़ खुशी की झील नहीं ,

इसमे गमो के भी कुछ झरने है ।

डूबना है हमे जिन्दगी मे ,

या हौंसले से ये सागर तरने है ।।

और अंत मे चन्द पंक्तिया ......

सुबह की इस धूप मे ,

न छाव की तलाश कर ।

कलयुग की इस धरा पर,

मदद की न आस कर ।

कि वो खुदा ही बनेगा तेरा मददगार ,

पर पहले तू आगे बढकर ,

एक बार तो प्रयास कर ।।

-धन्यवाद

स्वभाव

जिस तरह है ध्यान साज का ,

स्वभाव का भी ध्यान रहे ।

बोल-चाल हर करम में ,

हर बड़े का मान रहे ।।

भूल से भी भूल ना हो ,

ऐसा कोई शूल ना हो ।

जो चुभे मन मंदिरों में ,

मस्तिष्क का वो फूल ना हो ।।

हर मर्द को स्त्री की ,

मर्यादा का ज्ञान रहे ।

बोल-चाल हर करम में ,

हर बड़े का मान रहे ।।

जितने साफ वस्त्र रखे ,

उससे जरूरी मन की सफाई ।

आंसू बह जाए आंख से ,

पश्चाताप में हो ना ढलाई ।।

करुण रस वाक्यों में भर लो ,

क्रोध का स्थान रहे ।

बोल-चाल हर करम में ,

हर बड़े का मान रहे ।।

जिस तरह है ध्यान साज का ,

स्वभाव का भी ध्यान रहे ।

बोल-चाल हर करम में ,

हर बड़े का मान रहे ।।

-धन्यवाद

सम्मान की डगर

मैं हूं राही उस राह का ,

जिस पर भय का कोई स्थान नहीं ।

रुकूंगा नहीं उस मोड़ पर ,

जिस पर मेरा सम्मान नहीं ।।

कहता है यह मेरा स्वाभिमान ,

इस कथन पर मुझे अभिमान नहीं ।

मेरी राह पर कांटे ही सही ,

पुष्पों का यहां प्रावधान नहीं ।।

ये राहें , ये कांटे दुख देते हैं ,

पर इस दुःख से हमें नुकसान नहीं ।

घर मेरा है मेरी डगर ,

चाहे फिर वहां शमशान सही ।।

जी लूंगा मैं अपनी हार में ,

मगर साथ हो मेरा स्वाभिमान यहीं ।

पाना है मुझे मेरी मंज़िल ,

पर उसकी कीमत मेरा सम्मान नहीं ।।

- धन्यवाद

करण

अधिरथ-राधे पुत्र वो ,

करते थे सदा दान ।

अंत समय में दी परीक्षा ,

कृष्ण को साधु जान ।।

धारा पार्थ संघ वेश साधु का,

गए कृष्ण सम्मुख उनके ।

मांगा दान निर्भय होकर ,

परखे सारे गुण उनके ।।

स्वर्ण दंत थे उस राजा के ,

दो किए साधु को अर्पण ।

तब साधु बोले - हम साधक हैं ,

न स्वीकारें रक्त का तर्पण ।।

तब उठा धनुष अपना वीर ने ,

बाढ़ एक चलाया है।

प्रकट की बाढ़ गंगा ,

और दांतों को नहलाया है ।।

बोले राजन- हे साधु !

स्वीकार करें यह मेरा अंतिम दान।

बोले कृष्णा असल रूप मे आकर ,

हे राजन ! तुमसा ना कोई दानी महान ।।

लोभी का मन लोग पर ।

ज्ञानी का मन ज्ञान पर ।

महाभारत के युद्ध प्रवर्तक ,

उस करण का मन था दान पर ।।

-धन्यवाद